LE
PETIT INDICATEUR
DE L'OPÉRA-COMIQUE.

LE PETIT INDICATEUR

DE L'OPÉRA-COMIQUE,

POUR L'ANNÉE THÉATRALE DE 1824 A 1825,

Contenant un Précis de l'Administration du Théâtre, les Noms et Emplois des Acteurs, et le Prix des Places,

SUIVI

D'UNE REVUE GÉNÉRALE DES ACTEURS,

PAR M. FERDINAND D***.

Se trouve à Paris,

Chez VENTE, Libraire, Boulevard des Italiens, n°. 7, et au Théâtre;

Et PRODHOMME, Libraire, Boulevard des Capucines, au coin de la rue Louis-le-Grand.

PARIS. — Juin 1824.

IMPRIMERIE DE J.-S. CORDIER FILS, RUE THÉVENOT, N°. 8.

AVANT-PROPOS.

Chaque année voit éclore plusieurs annuaires dramatiques, qui donnent le tableau général du personnel de tous les théâtres de la Capitale, l'analyse des pièces nouvelles, représentées dans le cours de l'année précédente, les dates des divers débuts et rentrées, etc.

Mais l'abondance des matières, la précipitation avec laquelle ces divers ouvrages sont rédigés, et l'époque de leur publication, souvent antérieure à l'ouverture de l'année théâtrale, nuisent à leur exactitude. Quelques-uns mêmes contiennent tant d'erreurs, qu'on les croirait rédigés par des personnes entièrement étrangères au théâtre.

En bornant à l'Opéra-Comique l'ouvrage que je livre aujourd'hui à l'impression, j'ai voulu qu'il eût au moins le mérite de la régularité. J'ai débarrassé mon travail de détails sans intérêts, tels que la liste des ouvriers et fournisseurs attachés au théâtre, des ouvreuses de loges, etc.

Les journaux rendant compte quotidiennement des premières représentations, je n'ai pas jugé convenable de mettre sous les yeux de mes lecteurs un recensement de celles données l'année dernière, véritable compilation qui ne serait qu'un fragment de répertoire. La liste des débuts n'offre pas plus d'intérêts, puisque les acteurs qui y figureraient, ou n'ont jamais appartenu au théâtre, ou ont été admis au rang des sociétaires ou pensionnaires à chacun desquels nous consacrons un article.

J'ai pensé que ce qu'il importait le plus au public de connaître, c'était la liste complète des acteurs et l'emploi de chacun d'eux. Celle que je présente est, j'ose l'espérer, de la plus parfaite exactitude.

La seconde partie de mon ouvrage est consacrée à une revue de tous les acteurs et actrices. Chacun de ces messieurs et de ces dames a un article particulier. Nous avons cherché dans cette partie, la plus ardue de notre travail, à nous rendre l'interprête fidèle de l'opinion générale.

Si quelques critiques sont la suite des devoirs que nous nous sommes imposés, nous avons tâché d'en adoucir l'expression en y opposant les qualités qui, dans chaque artiste, peuvent, jusqu'à un certain point, balancer ses défauts.

En un mot, nous avons voulu être impartial, et mettre à même l'étranger qui se présenterait pour la première fois au théâtre, de connaître à l'avance l'acteur qui va paraître sous ses yeux.

Si le public daigne encourager mes efforts, je pourrai présenter successivement l'annuaire des autres théâtres royaux.

En commençant par l'Opéra-Comique, j'ai considéré l'affection particulière dont ce genre, éminemment national, a été constamment l'objet, et je ne pouvais choisir un meilleur moment que celui où ce théâtre vient d'être si heureusement régénéré par un ministre protecteur éclairé des beaux-arts.

LE PETIT INDICATEUR
DE L'OPÉRA-COMIQUE.

ADMINISTRATION.

Les comédiens du Théâtre Royal de l'Opéra-Comique sont en Société.

Ils ont néanmoins un directeur, lequel est nommé par Son Excellence le Ministre de la Maison du Roi, sous l'autorité duquel le théâtre est placé.

M. le Duc d'Aumont, premier Gentilhomme de la chambre de Sa Majesté, a la surveillance immédiate du théâtre, et l'administration opère sans aucun intermédiaire sous ses ordres.

MEMBRES DE L'ADMINISTRATION.

M. Guilbert de Pixérécourt, *Directeur.*
M. Duverger, *Régisseur-Général.*
M. Duclos, *Caissier.*

PRIX DES PLACES.

Premières, Orchestre, Balcon, Rez-de-Chaussée, Premières-grillées 6 60

Premières galeries et Secondes Loges de côté 4 40

Troisièmes Loges 3 30

Quatrièmes Loges et Secondes Galeries. . 2 75

Parterre. 2 20

Troisièmes Galeries. 1 65

Nota. *Le bureau de la location des Loges est rue des Colonnes, N°. 8.*

Le spectacle commence à sept heures.

LISTE

DES COMÉDIENS ORDINAIRES DU ROI

Pour l'année théâtrale commencée le 19 Avril 1824, et qui finira à Pâques 1825.

M. GAVAUDAN, *Sociétaire retraité, en représentations Extraordinaires.*

CONCORDANTS.

MM. D'ARBOVILLE,	*Sociétaire.*
CASSEL,	*Idem.*

HAUTES-CONTRE.

MM. HUET,	*Sociétaire.*
PONCHARD,	*Idem.*
LEMONNIER,	*Idem.*
LAFEUILLADE,	*Idem.*
DUVERNOY,	*Pensionnaire.*
CASIMIR,	*Idem.*
ANDRIEU,	*Idem.*

BASSES-TAILLES.

MM. DARANCOURT,	*Sociétaire.*
LECLÈRE,	*Pensionnaire.*
HENRI,	*Idem.*

COMIQUES, dits Laruette et Trial.

MM. Vizentini,	Sociétaire.
Féréol,	Idem.
Belnie,	Pensionnaire.

UTILITÉS.

MM. Louvet,	Pensionnaire.
Darcourt,	Idem.
Allaire,	Idem.

PREMIÈRES-CHANTEUSES.

Mmes. Lemonnier-Regnault,	Sociétaire.
Boulanger,	Idem.
Ponchard,	Idem.

Fortes-DUGAZONS, et jeunes Mères.

Mmes. Paul-Michu,	Sociétaire.
Thibault,	Pensionnaire.

Jeunes PREMIÈRES-CHANTEUSES et Dugazons.

Mmes. Rigault-Palar,	Sociétaire.
Pradher-More,	Idem.
Prevost,	Pensionnaire.
Casimir,	Idem.

Troisièmes AMOUREUSES.

Mlle. Éléonore-Colon,	Pensionnaire.

Jeunes DUÈGNES, et MÈRES-DUGAZONS.

Mme. BELMONT, Sociétaire.

DUÈGNES CARICATURES.

Mmes. DESBROSSES, Sociétaire.
COLON MÈRE, Pensionnaire.

CHOEURS.

M. FROMAGEAT, Chef.

ORCHESTRE.

MM. FRÉDÉRIC KREUBÉ, Chef.
HABENECK, Sous-Chef.

ACTEURS et ACTRICES, RETIRÉS AVEC PENSION.

MM. RÉZICOURT.   LESAGE.
GAVEAUX.   JULIET.
ELLEVIOU.   BAPTISTE.
GAVAUDAN.   CHENARD.
                 MARTIN.

Mmes. SAINT-AUBIN.   MOREAU.
GONTHIER.   DURET.
HUET-AUBERT.   GAVAUDAN.
CRÉTU.

REVUE GÉNÉRALE
DES ACTEURS.

GAVAUDAN.

On ignore encore si Gavaudan est attaché au théâtre Feydeau par un engagement de quelque durée, ou si nous ne le verrons que dans les quinze ou vingt représentations extraordinaires annoncées par les journaux. Quoi qu'il en soit, l'accueil qu'il a reçu du public, après une absence de huit ans, nous fait une loi de lui consacrer un article.

Peu d'acteurs ont possédé, comme Gavaudan, le talent de porter dans les âmes de profondes émotions. Déchirant dans le désespoir de *Murville* (du Délire), dans celui de *Montano*, il sait glacer les esprits de terreur sous les traits du farouche *Alberti* (de Camille).

Mais ce n'est pas seulement dans ce genre de rôles que Gavaudan excèle : personne n'a jamais joué avec plus de gaîté *Monte-au-Ciel*, du Déserteur, *Crispin*, du Trésor Supposé, avec plus de fatuité et de suffisance, *Saint-Morin*, dans Félix.

Un pareil talent est trop rare pour n'avoir pas constamment mérité la faveur du public.

Aussi, lorsque, par un inconcevable aveuglement, le théâtre de l'Opéra-Comique s'est volontairement privé des services de cet acteur, toutes les grandes villes de province se sont empressées de l'accueillir, et se le sont constamment disputé.

Comme chanteur, Gavaudan n'a jamais possédé des moyens très-étendus, mais sa voix est agréable, et il a toujours su la gouverner avec art. Il serait à désirer que, rendu au théâtre qu'il n'aurait jamais dû quitter, Gavaudan y restât longtemps encore pour servir de modèle à ses jeunes camarades, et à tous ceux qui se destinent à la carrière dramatique.

HUET.

Huet, avant la retraite d'*Elleviou*, donnait des espérances; accablé par un héritage dont son camarade *Paul* lui a laissé presque tout le poids, il n'a pu les réaliser; mais, en acteur adroit et intelligent, il a cherché à se soustraire à des comparaisons fâcheuses, en se bornant aux rôles où son prédécesseur avait laissé des souvenirs moins vifs.

Depuis quelques années, Huet s'est formé un répertoire moins brillant sans doute que celui qu'on l'avait cru destiné à exploiter, mais beaucoup plus analogue à son physique et à son âge, et dans lequel il a trouvé les moyens de consolider sa réputation de bon comédien. Le rôle de l'oncle, dans *Edmond et Caroline*, celui d'*Edoin*, dans *Azémia*, lui ont fait beaucoup d'honneur. Dernièrement encore, il a créé avec avantage le rôle du *prince de Neubourg*, dans *la Neige*.

Huet est d'ailleurs un acteur plein de zèle et un très-bon camarade.

PONCHARD.

Goût, méthode, voix fraîche, pure et flexible, Ponchard possède tous les avantages et tous les talens qui constituent le chanteur.

Comme acteur, il sait allier beaucoup d'âme à un excellent ton et à beaucoup de gaîté. Personne mieux que lui (après Gavaudan), ne manie l'ironie et la fatuité.

Que manque-t-il donc à Ponchard pour être parfait ? le physique. Une taille très-médiocre et une figure un peu ingrate lui otent l'avantage de cette première impression qui gagne et captive le spectateur.

Mais dès que sa voix charmante s'est fait entendre, le public enchanté n'entend plus, ne voit plus que le chanteur délicieux, l'acteur aimable.

A ce double mérite, Ponchard joint celui de professeur excellent, et l'empressement qu'il a mis à produire ses élèves sur le théâtre de sa gloire, fait doublement son éloge.

D'ARBOVILLE.

D'Arboville est en ce moment éloigné de la scène par une maladie grave. Sa rentrée est attendue avec une vive impatience par tous les amis de l'art dramatique; car depuis sa maladie l'emploi des valets est presque vacant. Le théâtre n'a jamais d'ailleurs possédé dans cet emploi un comédien plus parfait (sans en excepter *Martin* lui-même). Il est même douteux qu'aucun comique du Théâtre Français puisse jouer avec la même gaîté, la même finesse quelques rôles auxquels il a donné un cachet particulier, tels que *Termes*, du *Chevalier de Grammont*, le *Valet de Chambre*, etc.

Comme chanteur, Martin a laissé des souvenirs qui nuiront toujours à ses successeurs auprès d'un public qui a l'habitude de juger les acteurs par comparaison. Mais si D'Arboville lui est bien inférieur sous le rapport des agrémens de la voix, il a un avantage incontestable et qui ne saurait être trop estimé, c'est qu'il porte dans son chant la chaleur de son jeu; c'est un vrai chanteur dramatique. Au nombre des rôles dans lesquels il déploie ce genre de mérite aujourd'hui si rare, nous citerons celui de *Rodolphe*, dans *le Petit Chaperon Rouge*, rôle d'autant plus difficile qu'il diffère essentiellement de tous ceux de l'emploi.

D'Arboville est du reste infiniment supérieur, comme chanteur, à tous les Martin de la Province et de la Capitale.

Espérons qu'Esculape le rendra bientôt à nos plaisirs.

VIZENTINI.

Chanteur très-médiocre, Vizentini n'a cependant jamais fait manquer un morceau d'ensemble. Rarement même, dans les airs les plus difficiles, il lui est échappé une note douteuse.

Comme acteur, il possède des qualités qui ont

marqué sa place au théâtre Feydeau, où il a recueilli la triple succession de *Juliet*, de *Saint-Aubin* et de *Lesage*. Les rôles de M. *Roch*, dans *Avis au Public*, de M. *de Marcé*, dans *une Heure de Mariage*, de *Dugravier*, dans *les Rendez-vous bourgeois*, du *Voisin*, dans *Maison à Vendre*, ont principalement contribué à mettre au jour ses talens.

On dit que quelques difficultés d'intérêt ont porté cet acteur à donner sa démission. Il aurait tort de quitter un théâtre auquel il doit sa réputation, et où il peut fournir une longue carrière. L'administration doit faire, de son côté, des efforts pour le conserver, car elle le remplacerait difficilement.

DARANCOURT.

Darancourt, admis Sociétaire comme double de *Chenard*, a fait supporter les dernières années de celui-ci. On redoutait la retraite de ce vétéran des Comédiens, par la perspective du successeur qui lui était réservé. Chef d'emploi aujourd'hui, Darancourt doit s'apercevoir combien il est loin de la tâche qui lui est imposée. C'est un acteur plein de sens, mais sans verve, son jeu est toujours sage, mais jamais animé ; sa voix dure et rebelle ne peut se prêter aux inspirations du musicien. Joignez à tout cela un physique ingrat, et personne ne comprendra comment Darancourt peut être classé, comme première basse-taille au Théâtre Royal de l'Opéra-Comique. Cet acteur serait placé convenablement dans les troisièmes rôles.

LEMONNIER.

La nature a beaucoup fait pour Lemonnier, elle l'a doué d'une taille et d'une physionomie qui préviennent au premier abord en sa faveur. Du reste, Lemonnier, élégant dans ses manières comme dans sa mise, dit bien, a de l'âme, de la chaleur, et toutes les qualités qui constituent un bon Comédien. Comme chanteur, il laisse à desirer, sa voix est peu flexible, et quelquefois un peu dure, mais il est dans l'âge ou l'on fait encore des progrès. Et nul doute qu'il ne devienne un chanteur fort agréable, avec un travail soutenu et les conseils de l'excellente Actrice à laquelle il a donné son nom.

LAFEUILLADE.

La nature n'a pas moins fait pour lui que pour *Lemonnier*. Il possède une voix plus pure et plus flexible que celle de ce dernier, mais il ignore encore l'art de la conduire. Comme comédien il est infiniment inférieur; cela doit être ainsi : Lafeuillade a été élevé à une école où cette qualité si essentielle est tout à fait négligée. A l'Opéra-Comique les bons modèles ne lui manqueront pas, du travail et de la persévérance, lui garantiront des succès toujours croissans, et c'est avec plaisir que je me joins aux journaux qui ont vu en lui l'héritier futur d'*Elleviou*.

CASSEL.

Le défaut de sujets dans l'emploi dit des *Martin*, a fait rappeler Cassel au théâtre Feydeau, où ses premiers essais n'avaient pas été très-heureux.

Cassel n'est pourtant pas sans mérite : sa voix peu étendue est assez fraiche. Comme acteur il manque de chaleur et quelquefois de tenue, mais il dit sagement.

Cassel sera toujours bien placé et accueilli favorablement dans les rôles qui n'exigent pas le développement de grands moyens.

FÉRÉOL.

L'emploi des *Trial* comprend les rôles qu'on appelle vulgairement de niais. La physionomie de Féréol a une expression qui convient assez à ce genre de rôles, mais c'est là à peu près la seule qualité que cet acteur possède. Ses traits n'ont point de mobilité, son organe est criard; et quant à la voix, il n'en a rigoureusement que ce qu'il faut pour des rôles où le chant n'est jamais la partie forte. Féréol a d'ailleurs le tort de venir après *Moreau*, dont le souvenir ne parait pas devoir s'effacer de longtemps.

C'est encore un acteur parvenu trop-tôt.

LECLERE.

Leclère possède une voix magnifique, mais il ne sait pas toujours la diriger. Comme acteur il a encore des études à faire, mais il est juste de dire qu'une excessive timidité nuit considérablement à ses moyens. Au surplus Leclère a fait depuis quelque temps comme chanteur et comédien, des progrès remarquables. Le public, juste appréciateur des efforts qu'on fait pour lui plaire, a tenu compte à cet acteur, des siens.

Enfin, Leclère promet à l'Opéra-Comique, un sujet très-distingué. Peut-être aurait-il besoin de jouer moins rarement; espérons que le titre de Sociétaire, dévolu à des artistes beaucoup moins méritans, lui en assurera le droit.

BELNIE.

Un jeune choriste rêve un jour que le rang auquel il s'est condamné ne peut lui suffire. Un nouveau théâtre vient de s'ouvrir; il s'y essaye avec avantage, et, au bout d'un an, reparait sur celui où il avait vécu inaperçu, pour y tenir une place fort honorable. Telle est l'histoire de Belnie, que les comparses de Feydeau et les acteurs du Gymnase ont successivement compté dans leurs rangs.

Ce jeune homme, dont le physique convient parfaitement à l'emploi qu'il a adopté, possède une jolie voix, et quand il aura acquis l'habitude de la scène, nul doute qu'il n'éclipse bientôt son chef d'emploi. Nous recommandons à Belnie du travail et de la persévérance; nous désirons pour lui comme pour Leclère qu'on nous le montre plus fréquemment.

DUVERNOY. — CASIMIR. — ANDRIEU.

Mes lecteurs me pardonneront d'abréger un peu ma tâche en réunissant ces trois acteurs dans un même article. Mais je n'en vois pas un seul paraître sur la scène, sans me demander comment il a pu être admis à Feydeau. Aucun de ces trois soi-disant amoureux ne possède le moindre des avantages nécessaires dans cet emploi. La voix, le jeu, le physique, tout leur manque. Duvernoy seul, à force de travail, a su se rendre utile daus quelques rôles accessoires, et qui tiennent beaucoup plus de l'emploi des *Philippe* que de celui des *Elleviou*. Mais M. Casimir! M. Andrieu!

HENRI.

Ce jeune acteur mérite des encouragemens; sa voix très-fraîche lui promet des succès, et il se rend utile au théâtre qui l'a adopté.

Il s'est essayé également avec avantage dans les jeunes basses-tailles et dans quelques rôles de l'emploi de Martin. Le temps déterminera sa vocation.

LOUVET.

Je ne sais pas si Louvet se rappelle quelquefois qu'il a représenté à l'Opéra *le successeur d'Alcide*. Ce souvenir le réchaufferait sans doute un peu, et le rendrait propre à d'autres rôles que le brigadier de gendarmerie du *Philosophe en voyage*, et l'écuyer de Rodolphe dans *le Chaperon Rouge*.

DARCOURT.

Le bon Darcourt ne veut pas perdre l'habitude du théâtre. On le voit toujours avec plaisir dans le vieux *Mathurin* de *Richard*, et le paysan d'*Euphrosine et Coradin*.

ALLAIRE.

On dit que M. Allaire est riche ; je l'en félicite, car la carrière théâtrale a toujours été bien ingrate pour lui. Je ne développerai pas autrement cette idée ; car on assure aussi que M. Allaire est un brave homme, et je ne veux pas le chagriner.

Mme. LEMONNIER.

Sous le nom de *Mademoiselle Regnault*, Mme. Lemonnier a fait pendant plusieurs années les délices de la capitale ; le temps, à l'empire duquel rien n'échappe, a un peu altéré l'étendue de ses moyens comme cantatrice ; il l'a aussi forcée à quitter quelques rôles de son brillant répertoire, pour lesquels son physique serait un peu trop marqué. En revanche les progrès qu'elle a faits comme actrice, ont ajouté de nouveaux fleurons à sa couronne.

Plus d'une tragédienne lui envierait le succès éclatant avec lequel elle a créé le rôle d'*Élisabeth*, (dans *Leycester*). Peu de comédiennes représenteraient avec une gaîté aussi piquante le rôle de Mme. de Melval, (dans les *Voitures versées*).

Parmi les autres rôles où cette Actrice se distingue particulièrement, nous citerons encore ceux de *Clara* (dans *Adolphe et Clara*), de la *Jeune Femme Colère*, de la *Jeune Prude*, (dans les deux pièces de ce nom).

Mme. Lemonnier parait appelée à être longtemps encore un des principaux ornemens de l'Opéra-Comique.

Mme. DESBROSSES.

Mme. Desbrosses, après le service le plus long peut-être qu'ait jamais compté aucune actrice, jouit encore de la plénitude de ses moyens. C'est bien le vrai type des *Duègnes*, et il est rare, à l'âge où est parvenue cette actrice, de posséder une voix aussi nette et aussi étendue.

La perte de Mme. Desbrosses sera une des plus sensibles que l'Opéra-Comique puisse éprouver.

Mme. BOULANGER.

Que de grâce, quelle finesse, quel aimable enjouement !

Sous le brillant costume de *la Princesse de Navarre*, sous le simple bavolet de *Denise*, coquette séduisante ou piquante Soubrette, Mme. Boulanger, toujours gracieuse, toujours aimable, brille au premier rang des actrices de l'Opéra-Comique.

Comme cantatrice, elle ne connait peut-être pas de rivale ; sa voix, non moins suave qu'étendue, se joue de toutes les difficultés.

Aussi, Auteurs et Compositeurs, s'empressent-ils de lui confier des rôles dans presque toutes les pièces nouvelles.

Il faudrait citer tous les ouvrages de l'Opéra-Comique pour faire connaître les rôles dans lesquels se distingue Mme. Boulanger.

Néanmoins nous placerons en première ligne *Kési, du Calife, Edile, de Joconde, Julie, des Rendez-vous-bourgeois, Adèle, du Billet de Loterie, Thérèse, de Jeannot et Colin.*

Mme. Boulanger a consolé l'Opéra-Comique de la perte de *Madame Duret*. Qui pourra le consoler un jour de la perte de Mme. Boulanger!

Mme. PAUL-MICHU.

Mme. Paul, actrice utile et pleine de zèle, n'est placée qu'au second rang dans l'Opéra-Comique proprement dit, mais dans le Drame Lyrique, elle remplit avec avantage plusieurs premiers rôles tels que celui de *Camille*, (dans *Camille, ou le Souterrain*); et celui de la *Comtesse d'Arles*, (dans *Euphrosine et Coradin*). Dans ce dernier rôle surtout elle déploye une énergie remarquable.

Comme Cantatrice, Mme. Paul a le défaut de ne pas se faire entendre assez distinctement; sa voix a de la force et quelque étendue, mais elle est un peu dure.

Mme. BELMONT.

On a longtemps blâmé Mme. Belmont d'avoir quitté

pour un théâtre plus élevé, le Vaudeville dont elle était l'ornement.

Si ces reproches furent un instant mérités, Mme. Belmont s'en absout aujourd'hui, en représentant avec beaucoup d'agrément les Mères, et surtout quelques rôles nobles dans lesquels elle marche dignement sur les traces de *madame Crétu*.

Elle s'est aussi essayée dans quelques rôles de Duègnes, de manière à donner des espérances pour le moment où elle se consacrera entièrement à cet emploi. Heureusement pour elle, ce moment n'est pas encore arrivé.

Mme. RIGAULT-PALAR.

Mme. Rigault a mérité le surnom du Rossignol de l'Opéra-Comique; je ne pourrais rien ajouter à cet éloge de sa voix.

Longtemps on avait cru que cette voix délicieuse était le seul partage de Mme. Rigault. Mais par la manière dont elle a créé les rôles d'*Emma* et d'*Elodie*, (*du Solitaire*), elle a prouvé qu'elle était douée de quelques unes des qualités qui font les bonnes Actrices. L'étude et le travail ajouteront à ces heureuses dispositions, que sans doute Mme. Rigault ne dédaignera pas de cultiver. Le temps n'est plus où l'on croyait qu'il suffisait à Feydeau de savoir chanter.

Mme. PRADHER-MORE.

Il est peu d'actrices aussi jolies que Mme. Pradher, aussi elle est toujours accueillie à son entrée en scène, par les murmures flatteurs du parterre. Son jeu fin et délicat, son organe enchanteur, sa voix toujours pure, quoique peu étendue, lui assurent des succès dans tous ses rôles.

Parmi ceux qu'elle a créés ou remis au Théâtre avec le plus d'avantage, il faut citer en première ligne, *Ninon*, (dans *Ninon chez madame de Sévigné*). *Euphrosine*, (dans *Euphrosine et Coradin*). *Denise*, (dans *l'Epreuve Villageoise*). *Marie*, (dans *le Solitaire*).

Mme. CASIMIR.

Mme. Casimir a plusieurs points de ressemblance avec Mme. Rigault, comme Actrice et comme Cantatrice; ce qui est d'un bon augure. Elle a même prouvé dans le charmant tableau des *Sœurs Jumelles*, qu'elle était digne de marcher sur ses traces.

Mais depuis quelque temps Mme. Casimir parait se négliger un peu; qu'elle y prenne garde; La faveur du Public se perd aisément, et plus il a été bienveillant envers les sujets qui lui ont donné des espérances, plus il devient exigeant lorsque ces espérances ne se réalisent pas.

Mme. PONCHARD.

Digne élève de son mari, madame Ponchard est une de nos cantatrices les plus distinguées. Sa voix étendue attaque facilement la note, et brille sur-

...ut dans les airs de bravoure. On désirerait seulement qu'elle se montrât parfois moins prodigue d'ornemens.

Son jeu est toujours sage et décent, mais un peu froid. A cet égard, elle doit se défier de sa grande timidité.

Madame Ponchard, est du reste, fort utile au théâtre, non moins par son zèle que par ses talens. Son admission au rang des sociétaires est un acte de parfaite justice.

Mlle. PREVOST.

Mademoiselle Prevost est une jolie personne qui n'est déplacée dans aucun rôle. Sa voix ne manque ni de charme, ni d'étendue ; mais nous croyons qu'un travail plus soutenu pourrait lui mériter des succès plus décisifs.

Mlle THIBAULT.

Mademoiselle Thibault joue rarement ; cependant, par la manière dont elle a rempli la plupart des rôles dans lesquels il lui a été permis de se montrer, elle a prouvé qu'elle pouvait se rendre utile. Il y a beaucoup d'analogie entre son talent et celui de madame Paul dont elle partage l'emploi.

Mlle ÉLÉONORE COLON.

Il serait impossible de ne pas reconnaître à cette jeune actrice beaucoup de zèle et l'amour de sa profession. Mais je crois qu'elle a été trop tôt produite sur le théâtre. Son jeu et son chant sont ceux d'une écolière. Il faut attendre quelques années pour préjuger de son avenir. Mˡˡᵉ. Éléonore Colon est bien loin de sa charmante sœur du Vaudeville.

Mᵐᵉ COLON, mère.

Madame Colon est, dit-on, une très-bonne mère de famille. C'est une qualité que nous estimons beaucoup ; mais nous ne serions pas fâchés qu'elle y joignit celle de bonne actrice qui ne gâterait rien.

CHŒURS.

FROMAGEAT.

Je ne terminerai pas cette revue, sans rendre hommage au zèle de Fromageat, qui depuis tant d'années dirige les chœurs de l'Opéra-Comique.

Fromageat est un excellent musicien, et l'ensemble des représentations gagnerait beaucoup, si les chœurs étaient composés d'artistes aussi méritans que lui.

Malheureusement, c'est la partie faible de théâtre, et nous appelons la sollicitude de l'administration sur ce point. Car un chœur mal exécuté ne nuit pas moins à la réussite d'une pièce ou à l'agrément d'une représentation, qu'une ariette mal chantée.

ORCHESTRE.

Un orchestre bien dirigé, et composé d'habiles

exécutans, contribue bien aussi au succès d'une représentation.

Celui de Feydeau ne mérite que des éloges, et a le grand avantage d'accompagner les acteurs avec la plus grande précision.

Le chef d'orchestre, M. Kreubé, est un compositeur fort agréable. Nous lui devons la musique d'*Edmond et Caroline*, du *Coq de Village* et autres opéras comiques.

Parmi les talens que l'orchestre renferme, nous citerons, au premier rang, MM. *Mengal*, *Petit*, *Duvernoy*; et au second rang, MM. *Besse-Lievre* et *Niquet*, tous deux bons musiciens et bons professeurs.

FIN.

www.ingramcontent.com/pod-product-compliance
Lightning Source LLC
Chambersburg PA
CBHW060615050426
42451CB00012B/2264